DISCOURS

DE

M. DE LAMARTINE,

Sur la nomination du Président de la République

PAR LE SUFFRAGE UNIVERSEL,

REMONTRANCES

A

M. LOUIS NAPOLÉON.

ASSEMBLÉE NATIONALE,

Séance du 6 octobre.

PRÉSIDENCE DE M. ARMAND MARRAST.

M. LE PRÉSIDENT. — M. Lamartine a la parole.

M. DE LAMARTINE. — Indépendamment du péril de parler dans une question où les esprits flottent dans une indécision que nous avons tous comprise par la nôtre, il n'y a rien de si pénible pour un orateur que d'admirer, que d'apprécier ce qu'il vient combattre. (*Agitation.*)

QUELQUES VOIX. — On n'entend pas.

M. DE LAMARTINE. — Je reprends, messieurs; je disais que, indépendamment de l'émotion qu'éprouvait un orateur, un homme politique au moment de se prononcer sur une des questions les plus flottantes, les plus indécises dans l'opinion de son pays, et un moment dans la sienne propre, il y avait quelque chose de pénible, particulièrement pour l'orateur, à venir combattre des adversaires dont il avait pro-

1848

fondément apprécié les motifs, et admiré hier et aujourd'hui le talent. Telle est cependant ma situation. C'est là le sentiment que j'ai éprouvé et que j'éprouve en montant à cette tribune.

....

Il s'est agi et il s'agit dans cette discussion, depuis deux jours, non-seulement de déterminer si le président de la République sera nommé par l'Assemblée nationale ou par le pays, mais il s'agit encore, vous l'avez entendu il n'y a qu'un instant, de savoir si la République aura un président, ou si elle n'aura que des conseils, des comités de salut public, de sûreté générale, de recherches, comme nos premières assemblées révolutionnaires.

Il s'agit de savoir quelle sera la forme, la durée, le mode de cette présidence, si elle sera à une ou à plusieurs têtes, si elle sera annuelle ou quinquennale, ou seulement si elle sera comme le pouvoir temporaire ou transitoire que vous avez institué jusqu'ici, et comme le demandait tout à l'heure l'honorable membre auquel je réponds, un pouvoir investi de toute votre force, de toute votre majesté, mais un pouvoir temporaire, transitoire, et manquant par là même, selon moi, des conditions de fixité nécessaires dans ce moment-ci à notre pays.

....

Je dirai que ce serait selon moi une chose ridicule à la République française et à l'Assemblée qui la représente, de se préoccuper de quelques suffrages égarés sur des noms d'hommes qui ont perdu la qualité légale de citoyens aux candidatures de la République...

Mais je le dis avec certitude, et je suis convaincu que je ne serai au dehors démenti par aucun des partisans sérieux de ces dynasties; je dis que les représentants de ces dynasties éteintes, errantes aujourd'hui, sur la terre étrangère, regarderaient, non pas comme un triomphe, mais comme une abdication, une seconde abdication de leur naissance, de leur nature, de leurs droits divins et primordiaux, de venir briguer, quoi? quelques voix pour une candidature à un pouvoir précaire, emprunté pendant un an, pendant deux ans; pendant trois ans, sur la République, sur le territoire de cette France... (Interruption. Très-bien! très-bien!)

Messieurs, je ne crains pas de le dire, vous calomniez ces pouvoirs déchus. Ils ne voudraient pas remonter par de tels degrés! (Très-bien!)

Messieurs, votre interruption a coupé ma pensée par le milieu; je vous demande la permission de l'achever.

Je disais que ce que votre bon sens déclare impossible dans le représentant de la légitimité absente, le bon sens public, la simple réflexion le déclare plus impossible encore pour la dynastie illégitime de Juillet.

Quoi! ce pouvoir monarchique qui est tombé, qui s'est affaissé de lui-même, il y a six mois, au milieu de toutes les forces constituées de la représentation nationale, de l'administration et de l'armée, ce pouvoir qui s'est ainsi dérobé à la France, il tenterait, six mois après , de rentrer caché dans l'urne d'un scrutin ; quelle pitié! oui , c'est impossible ; ce qui est ridicule n'est pas possible en France ! *(Très-bien! — Longue agitation.)*

Mais si cela est impossible pour les deux dynasties que j'ai citées, cela est-il plus possible pour une autre? Car si vous le déclarez improbable, ridicule, impossible pour les deux dynasties dont je vous parle, vous pensez donc à une autre? vous avez donc un autre motif d'hésitation dans vos pensées? Osez-le dire; dites-tout : Le pays doit tout entendre. C'est l'esprit de la République ; elle n'a peur de rien.

Eh bien! messieurs, je veux soulever, autant qu'il est en moi , le poids secret qui pèse sur la pensée et sur la conscience de l'Assemblée nationale et du public dans cette question. Et ne craignez rien à cet égard , je le ferai avec autant de convenance que nous devons apporter d'impassibilité , de courage ici , quand il s'agit d'un grand intérêt, du plus grand de tous nos intérêts publics.

A une autre époque, messieurs, lorsqu'il nous a paru qu'il y avait incompatibilité actuelle , présente , immédiate , entre la fondation et la sécurité de la République et des noms d'individus dont le seul crime, ne l'oubliez pas, c'est trop de gloire..... *(Rumeurs.)*

PLUSIEURS MEMBRES. — De gloire héréditaire !

M. DE LAMARTINE. — Je supplierai mes honorables collègues de modérer, en faveur de l'orateur et d'une voix fatiguée, ces interruptions, non pas seulement parce qu'elles brisent la parole, mais parce qu'elles brisent aussi la pensée , et qu'elles m'exposent ainsi à vous présenter des considérations moins dignes de vous. *(Ecoutez ! écoutez!)*

Je disais, et, si vous m'aviez laissé achever vous seriez convaincus que mon expression était exacte , que quand nous nous étions préoccupés du danger que des noms d'individus dont le péril, le crime, si vous le voulez , n'était qu'un trop éclatant reflet de gloire sur le pays, dans celui qui a consacré ce grand nom pour la France et pour le monde, pouvait faire courir au pays, nous n'avons pas hésité, nous avons apporté ici, non pas un acte sévère , il n'en sortira jamais de cette main, non pas une mesure acerbe, mais une mesure de précaution et de prudence, un ajournement de quelques mois à la plénitude de la jouissance des droits de citoyens français pour cette famille.

Ces temps sont changés. Nous, Représentants de la France; vous, partie intéressée plus que nous, vous en avez décidé autrement, et je m'incline devant la sagesse et devant la prudence dont vous avez peut-être fait preuve contre moi-même dans cette occasion. Vous aviez le droit de le faire, d'être magnanimes, vous! Nous n'avions pas ce droit, nous; nous étions placés en sentinelles avancées pour couvrir la République, et vous-mêmes, et notre pays, contre toutes les éventualités, même chimériques , de dangers qui pouvaient inquiéter la République; nous l'avons fait; vous avez fait autrement : vous avez rendu tous les droits; la patrie, tous les titres, non-seulement de citoyens , mais de Représentants, le droit commun de la souveraineté nationale, à ces individus. Je n'ai rien à vous dire; je m'incline, et aucune parole, je le répète, ne sortira de ma bouche sans être empreinte du respect que je dois et à votre décision et à ces noms.

Voilà cependant ce qui préoccupe en ce moment la pensée de l'Assemblée; c'est l'éventualité qu'un fanatisme posthume du pays ne se trompe de date, de temps, de jour, et ne porte à l'image de ce grand nom, ne porte aux héritiers, je ne dirai pas de la gloire, car la gloire qui donne l'immortalité ne donne pas, malheureusement, de droit au partage de l'héritage..... Ce qui vous préoccupe, dis-je, c'est la peur que cet éclat, si naturellement fascinateur pour les yeux d'un grand peuple militaire, n'entraîne la nation dans ce que vous pourriez considérer ou dans ce que je considérerais peut-être moi-même à tort comme une erreur et comme un danger du pays.

Et bien, je me suis dit: Ce danger est-il probable? Je ne le nierai pas, je n'ai à cet égard ni négation, ni affirmation; je ne sais pas lire, plus que vous, dans les ténèbres de notre avenir; mais cependant je puis me dire que la réflexion est une des forces humaines dans un pays aussi sensé et aussi profondément intelligent que notre pays; que, pour arriver à des usurpations du genre de celle qu'on pourrait craindre, non pas des hommes, je le répète... je respecte leur patriotisme et leur conscience, et je suis convaincu, comme ils l'ont dit eux-mêmes à cette tribune, car je crois à la parole des honnêtes gens, je suis convaincu qu'aucune pensée d'usurpation de cette nature n'approchera jamais d'eux-mêmes... mais je parle de leurs partis, de ces petits groupes d'hommes intéressés qui s'agitent toujours autour des ambitions supposées, quoique non existantes, et de ceux qui exploitent au profit des factions la plus grande mémoire, la gloire la plus éclatante de notre pays. Eh bien, je dis que ces hommes seraient promptement, inévitablement trompés dans leurs espérances; je dis que, pour arriver à un 18 brumaire, dans le temps où nous sommes, il faut deux choses: de longues années de terreur en arrière, et en avant des victoires de Marengo et des Pyramides.... *(Vive approbation. — Sensation prolongée.)*

Je disais, citoyens, que pour motiver, pour nourrir des pensées de cette nature dans ces groupes d'hommes, que je ne voudrais pas même qualifier du nom de faction dans le pays, il fallait autre chose que des réminiscences et des ambitions, qu'il fallait des années de terreur en arrière et des Marengo en avant. Nous n'avons ni des années de terreur en arrière, ni des Marengo en avant. Tranquillisons-nous donc et réfléchissons de sang-froid; indépendamment de toute considération dynastique ou personnelle, à la grave question dont nous sommes en ce moment occupés.

Messieurs, quel est le véritable danger, danger législatif, constitutif, de la loi qu'on vous propose de porter ou de ne pas porter dans notre Constitution? quel est le vrai danger de la République de Février, à l'heure où nous sommes, non pas à ses premiers jours, elle ne le courait pas alors, mais à l'heure où nous sommes, heure un peu triste, passez-moi le mot, à l'heure de ce reflux des révolutions qui est le moment où l'enthousiasme tombe, le plus pénible, le plus ingrat à traverser?

Pour le peuple, quel est le vrai danger? Vous l'avez dit hier, on vous le dit presque tous les jours, et nous nous le disons encore davantage dans nos entretiens particuliers; et il faut que ces entretiens particuliers, qui ne sont au bout du compte que les murmures de la conscience générale du pays, passent hors de cette enceinte et aillent faire réfléchir, modifier, penser ceux mêmes qui ne vous entendent pas à cette tribune ou dans vos entretiens secrets; le danger de la République, ce n'est pas telle ou telle prétention, monarchique; ce n'est pas aujourd'hui que je les craindrais; ce n'est pas encore l'heure de ces récipiscences et de ces retours toujours heureusement un peu lents et un peu tardifs, qui font revenir la liberté sur ses pas et les peuples sur eux-mêmes. Il faut pour cela quelques années; il faut avoir accompli la rotation de tous les inconvénients et de tous les avantages d'un système politique quelconque avant que le système opposé ne vienne se présenter comme un idéal, comme un regret, et comme une espérance à un pays longtemps déçu. Il faut des années pour cela. Mais nous ne sommes pas à ces années, nous sommes à six mois de la fondation de la République, à son époque, je vous le répète, la plus pénible, la plus triste, la plus périlleuse, si nos courages n'étaient pas au niveau de la situation. (*Bravos!*)

Ce danger, j'oserai vous le dire, et je vous supplie de ne pas murmurer, je le dis dans le même sentiment avec lequel vous l'entendrez vous-mêmes : c'est une certaine incrédulité; ce danger, c'est un manque de foi; c'est une certaine indifférence par défaut de foi; c'est une certaine désaffection aussi de la République, à cause des difficultés mêmes qu'un Gouvernement si beau, si grand, impose au peuple qui a voulu se le conquérir, et qu'il saura raffermir pour lui et pour ses enfants. (*Très-bien!*)

Ce danger, vous disais-je, c'est la désaffection. Vous savez comment est née cette République? A cet égard, des membres mêmes du Gouvernement provisoire, qui ont parlé ici avant moi, vous l'ont dit eux-mêmes; et à quoi bon cacher ce que la France sait tout entière? à quoi bon ces réticences soi-disant politiques, qui ne servent qu'à affaiblir les vérités, et, en affaiblissant les vérités, à affaiblir aussi les courages.

La République n'a été, en vérité, qu'une grande et merveilleuse surprise du temps. Tous les esprits n'y étaient pas encore suffisamment préparés. Je ne dirai pas, comme mes collègues, que la France n'était pas Républicaine; j'ai la conviction, et un de ces jours, si vous le permettez, j'analyserai devant vous cette conviction en moi; j'ai la conviction que la France, si elle n'est pas Républicaine par ses faiblesses, si elle n'est pas Républicaine par ses habitudes, si elle est monarchique par ses vices de caractères, passez-moi le mot, elle est Républicaine par ses idées; elle est Républicaine par ses grandes vertus naturelles et par ses traditions d'indépendance. (*Bravo!*)

Vous concevez dès lors que je ne me sois pas inquiété au delà des bornes de cette surprise que la République de Février faisait à nous-mêmes et à l'esprit du temps, quand la monarchie s'écroulait d'elle-même sous nos pas, à une tribune voisine de celle où je vous parle.

Non! l'enthousiasme du peuple, la beauté du caractère populaire pendant les premiers temps, la magnificence de l'institution de cette République, qui ne coûtait ni un regret, ni une larme, ni une goutte de sang à la patrie, et lui apportait des espérances que vous êtes appelés à réaliser, non pas d'un seul coup, mais jour à jour, avec sagesse, avec possibilité, avec cette lenteur que comporte toujours l'accomplissement d'une des plus grandes choses humaines ; tout cela a rallié à la République, dans les premiers moments, tous les esprits. Et permettez-moi de vous le dire, nous qui en avons été témoins, la République a rallié à elle tous les cœurs, même de ceux que vous accusez aujourd'hui d'en être le plus éloignés.

Si j'apportais à cette tribune, citoyens, les confidences des chefs des plus grands partis dynastiques à cette époque, vous seriez convaincus que, dans ce moment de chaleur, d'émulation, qui élève les partis au-dessus d'eux-mêmes, qui fait que les hommes sont au-dessus de leur ambition et de leurs regrets, il n'y a eu qu'un sentiment : l'acceptation loyale, sincère, énergique et complète de la République. *(Vive adhésion.)*

M. Crémieux.— Ajoutez l'*acceptation nécessaire.*

M. de Lamartine.— Et pourquoi ces premiers jours, ces premiers mois d'enthousiasme, d'espérance, d'acclamations et d'acceptation unanime se sont-ils changés dans les départements, dans le fond du pays, depuis quelque temps, en incrédulité, en manque de foi, en défiance, en défaillance de la République ?

Vous le savez comme moi, citoyens, les tristes agitations d'avril, de mai, de juin ; la crise financière, les difficultés de la circulation, et cette faction involontaire de la misère publique, sur laquelle nous essayons tous les jours d'attendrir, d'émouvoir l'ame de la République !... *(Bravos à gauche)* cette faction de la faim, que vous corrigez tous les jours par vos bienfaits, cette agitation, ces inquiétudes, cette violence de mauvaises pensées reprenant de la force à mesure que vous perdez de la confiance et de la sécurité, ont un moment aliéné, ébranlé les cœurs des faibles parmi une partie de la population du pays.

Eh bien, messieurs, est-ce que personne n'a concouru à cette désaffection, à cette indifférence des populations en France ? Tout le monde, permettez-moi de le dire, les uns par des excès de défiance et d'exigence envers le Gouvernement encore embarrassé de la République, les autres par des excès d'impatience, par un système soi-disant ultra-républicain que ces populations mal éclairées peuvent confondre, non pas avec le progrès, mais avec la subversion de la société elle-même.

Ainsi on est allé de campagne en campagne, de département en département ; on a dit au peuple : Voyez ce que c'est que la République ; c'est le partage des terres, c'est la spoliation des industries, c'est le papier-monnaie, c'est la main de l'Etat dans la liberté des industries, c'est le maximum, c'est la ruine du travail libre. *(Très-bien!)*

C'est la profanation des religions et des cultes, c'est la menace aux propriétaires, c'est la violence faite à la famille, ce sont des agitations populaires incessantes, ce sont ces clubs anarchiques ou sociaux établis à tous les coins de vos rues ou des places publiques, dans lesquels vous entendrez tous les jours des délations contre les citoyens, dans lesquels des noms marqués à l'encre rouge de la calomnie, comme vous l'avez vu et entendu tous les jours, sont livrés à la haine, aux ressentiments et à la colère aveugle des populations égarées! Voilà ce que c'est que la République; c'est ainsi qu'on l'a fait méconnaître en la calomniant dans le pays. *(Très-bien! très-bien! — Longue agitation.)*

Je reprends et je dis que je ne connais pas sur la terre de moyen plus efficace pour rattacher l'intelligence, la conscience, la volonté et la force de chaque citoyen au centre national, que d'impliquer pour ainsi dire sa volonté, son vote et sa main dans la nomination de ce pouvoir exécutif; et vous ne ramenerez pas ainsi le pays seulement à la conscience, vous le ramenerez à ce respect croissant pour l'autorité, pour l'autorité républicaine, qui doit se retremper tous les jours dans la seule source de l'autorité véritable, dans la conscience des citoyens. Ne sera-ce pas là, en effet, messieurs, ce suffrage universel délibéré, réfléchi, volontaire de chaque citoyen, dans la constitution des deux fonctions de votre Gouvernement? N'est-ce pas par excellence, passez moi l'expression encore, le sacrement même de l'autorité? n'est-ce pas l'autorité la plus irréfragable qui puisse se manifester au milieu d'un grand peuple *(Mouvement)*, car, enfin, le droit de naissance, qu'est-ce que c'est au bout du compte? Tout le monde aujourd'hui est assez éclairé pour y avoir réfléchi; le droit de naissance, c'est le droit du hasard. Le droit de primogéniture, quel est-il? Le droit de premier venu, le droit de premier sorti des flancs de sa mère; le droit de la conquête, c'est celui qui avilit le peuple qui s'y soumet, c'est le droit de la violence et de la force brutale. Le droit divin n'est que la sanction, la bénédiction du sacerdoce sur des races royales. Il y a longtemps que ce signe n'était qu'un signe et ce symbole qu'un symbole. *(Très-bien!)*

Le droit d'hérédité enfin? Mais ce droit n'est quelquefois que le droit de l'idiotisme! *(Sensation.)*

Mais ce que nous vous proposons, au contraire, qu'est-ce autre chose que le peuple tout entier, sacrant, non pas son président, je vous le répète et ne vous y trompez pas, sacrant sa constitution républicaine tout entière. *(Sensation.)*

Qu'est-ce autre chose que le peuple tout entier se dépouillant volontairement, homme par homme, citoyen par citoyen, de sa propre souveraineté pour investir quoi? non pas un citoyen plus grand que lui, et ici je reviens à la pensée de mes interrupteurs, non pas un

citoyen plus grand que lui, je le répète, mais un Gouvernement plus collectif, un Gouvernement plus universel, plus populaire, s'il se peut, que le peuple lui-même. (*Longue agitation et applaudissements prolongés.*)

Voilà, messieurs, l'œuvre du suffrage universel que nous vous proposons de sanctionner dans votre Constitution, pour l'élection de votre président.

Ah ! on peut corrompre les hommes par petits groupes, on ne peut pas les corrompre en masse. On empoisonne un verre d'eau, on n'empoisonne pas un fleuve. Une Assemblée est suspecte, une nation est incorruptible comme l'Océan. Et il n'y aurait pas là une atténuation quelconque, au moins dans l'esprit des malveillants qui font toujours partie d'une population ; il n'y aurait pas là, selon moi, une atténuation possible, du moins de la valeur, de la force de votre président. La force ! Permettez-moi une digression que ce mot appelle à l'instant même dans ma pensée. Tout à l'heure, hier aussi, si je m'en souviens bien, on vous disait, comme à une autre époque, comme à une époque où le trône superposé à la nation n'était pas un centre, mais une domination symbolique sur le peuple, où le trône avait des intérêts séparés de la nation, on vous disait : « Prenez-garde, citoyens, de trop renforcer le pouvoir exécutif dont la force pourrait dégénérer en usurpation, et dont l'autorité, toute républicaine, toute nationale, pourrait devenir bientôt de la tyrannie contre nous-mêmes. » *(Profonde sensation.)*

Messieurs, en écoutant l'annonce de ce prétendu péril dans la situation où nous sommes, je n'ai pu, je vous l'avouerai, retenir un certain sourire sur mes lèvres ; il m'a semblé voir dans l'orateur auquel je réponds, je ne sais, passez-moi l'expression, elle n'a rien d'offensant dans ma pensée, il m'a semblé voir je ne sais quelle ironie sanglante de l'instabilité des choses humaines. Nous parlons de l'excès de force du pouvoir exécutif sur les ruines et dans la poussière d'un trône et d'un gouvernement à peine écroulés sous nos pas ! *(Sensation)*

Messieurs, ce n'est certes pas contre l'excès de forces qu'il faut nous prémunir. Je le disais à mon voisin en écoutant l'orateur auquel je fais allusion : Ah ! plût à Dieu que la République en fût à se prémunir contre l'excès des forces du pouvoir exécutif ! Plût à Dieu que la République fût née enfant avec toute son énergie, comme ce dieu de la fable antique qui étouffait des serpents dans son berceau ! *(Très bien ! très bien !)*

Une dernière considération et je finis.

En investissant votre pouvoir exécutif, dans la personne de votre président de la République, de toutes les forces morales que la nature de nos institutions peut comporter, savez-vous ce que vous faites, messieurs ? Vous faites précisément ce qu'il y a à faire dans la situation précaire où sont placées encore les institutions à leur origine ; vous rendez plus impossible, en le rendant plus grave, plus odieux, plus inexcusable, l'attentat contre la République elle-même, et contre les deux pouvoirs qu'elle a constitués. *(Sensation.)*

Oui, en mettant dans les mains et dans la conscience de chaque citoyen électeur de la République, le gage, la participation à cette souveraineté, dans votre élection, dans celle du président de la République, vous donnez à chacun de ces citoyens le droit et le devoir de se défendre lui-même, en défendant la République, et vous donnez aussi à chaque citoyen de l'empire le droit d'être le vengeur de ces attentats s'ils venaient jamais à contrister de nouveau cette enceinte et le Gouvernement du pays. *(Très-bien ! très-bien !)*

Messieurs, je m'arrête, parce que l'aiguille m'avertit, sachez-le, et parce que j'ai épuisé... *(Non ! non ! — Parlez ! parlez ! — Mouvement prolongé d'intérêt et de curiosité.)*

Je dis, messieurs, que je m'arrête, non pas que j'aie épuisé les mille considérations qui pourraient vous être présentées pour le système que je défends devant vous, mais je m'arrête de crainte de fatiguer inutilement et plus longtemps l'attention que vous avez bien voulu me prêter.

Non, citoyens, si je m'arrête, ce n'est pas faute de raison, mais parce que j'espère vous avoir convaincus.

Je sais bien qu'il y a des dangers graves dans les deux systèmes, qu'il y a des moments d'aberration dans les multitudes ; qu'il y a des noms qui entraînent les foules, comme le mirage entraîne les troupeaux, comme le lambeau de pourpre attire les animaux privés de raison ! *(Longue sensation.)*

Je le sais, je le redoute plus que personne, car aucun citoyen n'a mis peut-être plus de son âme, de sa vie, de sa sueur, de sa responsabilité et de sa mémoire dans le succès de la République !

Si elle se fonde, j'ai gagné ma partie humaine contre la destinée ; si elle échoue, ou dans l'anarchie, ou dans une réminiscence de despotisme, mon nom, ma responsabilité, ma mémoire échouent avec elle et sont à jamais répudiés par mes contemporains ! *(Bravos prolongés. — Interruption.)*

Et bien, malgré cette redoutable responsabilité personnelle dans les dangers que peuvent courir nos institutions problématiques, bien que les dangers de la République, bien que ses dangers soient mes dangers, et leur perte mon ostracisme et mon deuil éternel, si j'y survivais, je n'hésite pas à me prononcer en faveur de ce qui vous semble le plus dangereux : l'élection du président par le peuple ! *(Mouvement prolongé. — Interruption.)*

Oui ! quand même le peuple choisirait celui que ma prévoyance mal éclairée peut-être redouterait de lui voir choisir, n'importe : *Alea jacta est !* Que Dieu et le peuple prononcent ! Il faut laisser quelque chose à la Providence ! Elle est la lumière de ceux qui, comme nous, ne peuvent pas lire dans les ténèbres de l'avenir ! *(Très-bien ! très-bien !)*

Invoquons-la, prions-la d'éclairer le peuple et soumettons-nous à son décret. *(Nouvelle sensation.)* Peut-être périrons-nous à l'œuvre, nous? (*Non! non!*) Non, non, en effet, et il serait même beau d'y périr en initiant son pays à la liberté! (*Bravo.*)

Eh bien, si le peuple se trompe, s'il se laisse aveugler par un éblouissement de sa propre gloire; s'il se retire de sa propre souveraineté après le premier pas, comme effrayé de la grandeur de l'édifice que nous lui avons ouvert dans la République et des difficultés de ses institutions;

S'il veut abdiquer sa sûreté, sa dignité, sa liberté, entre les mains d'une réminiscence d'empire; s'il dit: ramenez-moi aux carrières de la vieille monarchie *(Sensation)*; s'il nous désavoue et se désavoue lui-même (*Non! non!*), eh bien, tant pis pour le peuple! Ce ne sera pas nous, ce sera le peuple qui aura manqué de persévérance et de courage. (*Mouvement prolongé.*)

Je le répète, nous périrons peut-être à l'œuvre par sa faute, nous; mais la perte de la République ne nous sera pas imputée! Oui, quelque chose qu'il arrive, il sera beau dans l'histoire d'avoir tenté la République. La République, telle que nous l'avons proclamée, conçue, ébauchée quatre mois, la République d'enthousiasme, de modération, de fraternité, de paix, de protection à la société, à la propriété, à la religion, à la famille, la République de Washington!

Ce sera un rêve, si vous voulez! mais elle aura été un beau rêve pour la France et le genre humain! Mais ce rêve, ne l'oublions pas, il a été l'acte du peuple de Février pendant ses premiers mois! Nous le retrouverons.

Mais enfin si ce peuple s'abandonne lui-même; s'il venait à se jouer avec le fruit de son propre sang répandu si généreusement pour la République en février, en juin; s'il disait ce mot fatal, s'il veut déserter la cause gagnée de la liberté et des progrès de l'esprit humain pour courir après je ne sais quel météore qui brûlerait ses mains!.... *(Sensation.)* Qu'il le dise! *(Mouvement.)*

Mais nous, citoyens, ne le disons pas du moins d'avance pour lui! (*Mouvement!*)

Si ce malheur arrive, disons-nous au contraire le mot des vaincus de Pharsale: *Victrix causa diis placuit sed victa Catoni!* (*Sensation.*)

Et que cette protestation contre l'erreur ou la faiblesse de ce peuple soit son accusation devant lui-même, et soit notre absolution à nous devant la postérité! *(Très-bien! très-bien!)*

(Longs applaudissements. Des représentants de toutes les opinions se pressent sur toutes les marches de la tribune où l'orateur est accueilli par les plus sympathiques félicitations.

La séance est suspendue et n'est pas reprise.

Paris, 9 octobre.

—

ASSEMBLÉE NATIONALE.

Le vote qui, samedi, avait repoussé le système de l'élection du président de la République par l'Assemblée, contenait implicitement le vote d'aujourd'hui, c'est-à-dire l'élection par le suffrage universel. On avait encore à examiner le système des deux degrés; mais il était facile de prévoir que l'Assemblée ne voudrait en rien atténuer la portée de son premier vote. Aussi, malgré les efforts de MM. Lacrosse et Mortimer Ternaux, auteurs d'un amendement dans le sens des deux degrés, l'Assemblée a-t-elle purement et simplement adopté l'article 43 du projet, modifié ainsi qu'il suit par la commission elle-même : « Le président est nommé au scrutin secret et à la majorité absolue des votans, par le suffrage direct de tous les électeurs des départements français et de l'Algérie. »

Après ce vote, l'Assemblée est revenue à l'article 42, qui avait été réservé, et qui est ainsi conçu : « Le président doit être Français, être âgé de trente ans au moins, et n'avoir jamais perdu la qualité de Français. » Quantité d'amendements avaient été présentés sur cet article. On nous dispensera de les examiner, et surtout de parler du discours d'un honorable membre, M. Deville, dont les excentricités imperturbables ont à la fois contristé et égayé l'Assemblée. Nous respectons en M. Deville les électeurs qui l'ont nommé, aussi ne lui infligerons-nous pas le supplice de sa propre éloquence, et garderons-nous le plus complet silence sur les incroyables abus de langage auxquels il s'est livré, et contre lesquels M. Degousée a protesté avec énergie. Aussi bien, avons-nous hâte d'en venir à un autre échec de la tribune auquel nous voudrions que la France tout entière eût assisté.

Un débat s'était engagé sur le principe de plusieurs amendements proposés par MM. Antony Thouret, de Ludre, Reynaud de la Gardette, etc., et tendant à exclure de la présidence les membres des familles ayant régné sur la France. M. Antony Thouret avait développé avec convenance la pensée commune de ces amendements, pensée que M. Woirhaye avait repoussée au nom de la commission, et que M. Lacaze avait combattue à son tour, lorsque M. Louis Bonaparte a demandé la parole. Il s'est dirigé lentement et avec une émotion mal déguisée vers cette tribune si fatale aux médiocrités et aux impuissances. Il a dit à peine quelques paroles, et pourtant la voix lui a manqué plus d'une fois.

Voici le sens de cette laborieuse allocution, prononcée, avec un accent étranger qui excuse les fautes de langage de l'orateur. Nous sommes forcés de traduire, car ce n'est pas précisément en français qu'il s'est exprimé. L'ex-prince a déclaré qu'il était assez *récompensé* (récompensé de quoi?) en retrouvant tous ses droits de citoyen pour n'avoir aucune autre ambition. Il a ajouté qu'il ne venait pas *réclamer pour sa conscience* contre les calomnies dont il est l'objet, et il a *désavoué le nom de prétendant qu'on lui jette toujours à la tête.* Puis, il s'est tout d'un coup arrêté. On s'attendait généralement à ce qu'il complétât sa pensée, car tout cela ne signifie pas grand-chose ; lui-même semblait vouloir parler encore, mais il n'a pas pu continuer, et, après un instant d'hésitation, il a prudemment battu en retraite. C'est ainsi qu'a fini cette campagne mémorable. Il ne manquait à ce pauvre spectacle que les électeurs qui ont nommé M. Louis Bonaparte.

Mais nous ne voulons pas être trop cruels envers un homme condamné à cet accablant contraste, en sa propre personne, d'une telle insuffisance et d'un tel nom. Nous nous bornerons à lui dire : La République, vous en convenez vous-même, a été grande et généreuse à votre égard ; elle a fait cesser pour vous les douleurs de l'exil ; bien plus, elle vous a élevé du titre de prince au titre bien autrement noble de citoyen et de Représentant du peuple. Par cela même, vous avez contracté de bien grands devoirs envers elle.

Vous dites que vous êtes sincèrement républicain ; vous dites que vous n'autorisez pas, que vous repoussez toutes les intrigues qui veulent faire de votre personne, ou plutôt de votre nom, un point de ralliement pour des tentatives ridiculement factieuses. Eh bien ! Nous croirons à vos paroles, mais à une condition, c'est que vous ne vous contenterez pas de désavouer toutes ces intrigues, c'est que vous les découragerez, c'est que vous déclarerez hautement que vous n'en voulez pas profiter.

Eh ! quoi ! vous vous prétendez républicain, et vous consentiriez à être une occasion de récrudescence pour ces risibles et funestes préjugés d'hérédité en matière politique, que la République est venue balayer de notre sol avec le dernier trône de notre histoire !

Vous vous prétendez républicain, et vous consentiriez à ce que je ne sais quelle superstition historique fît de vous l'objet de la plus étrange méprise ! vous permettriez que la vaine compétition d'un souvenir créée aux principes républicains dans votre personne vînt séduire l'ignorance d'un fanatisme rétrospectif ?

Vous êtes républicain, et si par impossible une pareille hypothèse se réalisait, vous consentiriez à devoir à des préjugés qui sont la négation même de la République, une distinction qu'il n'est permis de devoir qu'à ses propres œuvres ?

Non — ne croyez pas que nous nous y laissions prendre. On ne trompe pas le bon sens d'un peuple comme le peuple français, avec de vagues paroles que nul fait ne confirme. Tant que vous n'aurez pas pris une position plus nette, tant que vous laisserez s'interposer entre la République et le pays ces quelques syllabes de votre nom, comme le mot d'ordre d'une réaction impérialiste, tant que vous chercherez à bénéficier d'un prestige qui ne vous appartient pas, tant que vous ne vous découronnerez pas vous-même de cette auréole d'emprunt dont vous affublent des partisans officieux, vous serez à bon droit suspect au républicanisme français, et vous resterez pour lui un prétendant qui n'ose pas s'avouer.

Mais n'ai-je pas le droit, direz-vous, de servir mon pays? Oui sans doute, nous avons tous le droit, bien plus, le devoir de nous dévouer à la France, mais chacun de nous à son rang, à sa place; car sous un régime démocratique la position des citoyens dans l'État ne peut être graduée que sur la hiérarchie des mérites et des services. Or, quels sont vos mérites, vos services? Nous interrogeons votre passé, et il nous répond par ces deux mots qui sont toute votre histoire : *Strasbourg* et *Boulogne*.

Ah ! si, dans les circonstances solennelle où nous nous trouvons, et qui réclament le patriotisme de tous les citoyens, vous veniez dire à ceux qu'éblouit et fascine ce rayonnement posthume d'un passé où vous n'êtes pour rien : Je ne veux devoir qu'à moi-même, qu'à mes œuvres, qu'à un long et glorieux dévouement pour la patrie, votre estime et vos votes, et non à un culte qui, en réalité ne s'adresse pas à moi. Les préjugés que je fomenterais si j'étais un ambitieux vulgaire, je les repousse parce que je suis un vrai républicain. J'attendrai pour accepter ce que quelques-uns paraissent décidés à m'accorder, que je l'aie mérité par mes actes ! Oui, sans doute, si vous teniez un pareil langage, vous seriez digne de n'être plus regardé comme un prétendant. Maintenant c'est à vous de voir quelle conduite vous avez à tenir. La République à laquelle vous devez tout, attend pour vous juger, non plus de vaines paroles, mais un acte décisif.

Nous revenons à la séance. Après l'allocution de M. Louis Bonaparte, M. Antony Thouret a retiré avec beaucoup de tact et d'à-propos l'amendement qu'il avait proposé. Mais l'Assemblée, en décrétant le suffrage universel, n'a pas voulu le mettre en suspicion, elle a rendu un solennel hommage au peuple français, en refusant d'inscrire dans la constitution une précaution quelconque contre les prétendants.

Extrait du Compte-Rendu de la Séance du 9 Octobre.

—

M. ANTONY-THOURET : Voici le texte de mon amendement, auquel se réunit mon honorable ami M. de Ludre :

« Aucun membre des familles qui ont régné sur la France ne pourra être élu président, ni vice-président de la République française. » *(Appuyé! appuyé!)*

Citoyen, dit M. Ant. Thouret, je ne veux pas faire aux prétendants l'honneur de m'occuper longtemps d'eux. *(Très-bien! très-bien!)* Je viens réclamer pour la révolution de février un droit naturel, nécessaire, incontestable, non le droit d'exiler, de frapper ni de punir, car j'aspire après le jour où la France pourra rappeler dans son sein tous les exilés, mais d'exclure de cette haute magistrature de la présidence de la République, où elles seraient si bien placées pour combattre la liberté, les majestés qui ont si longtemps combattu contre la République, et que la République a enfin vaincues.

Mon amendement, qui consacre l'incompatibilité entre la monarchie et la République, se défend par de graves et décisifs enseignements, ceux de l'histoire et ceux du patriotisme des Représentants dont le devoir absolu est de défendre la République qu'ils ont proclamée, contre ceux que l'histoire me donne le droit d'appeler les ennemis naturels de la République.

Je me borne à faire appel à la prudence, et j'ai le droit d'ajouter : à la justice de l'Assemblée nationale. *(Très-bien! très-bien!)*

M. NAPOLÉON BONAPARTE : J'avais l'intention de présenter quelques observations sur l'amendement de M. Antony Thouret; mais j'apprends que, ce matin même, la commission a voté pour qu'il fût rejeté; je laisse donc à la commission le soin d'éclairer l'Assemblée sur la portée de cet amendement.

M. WOIRHAYE, membre de la commission de constitution : La commission de la constitution s'est occupée de l'examen de cette proposition; elle a dû l'apprécier sous l'empire d'événemens divers, et son avis unanime a été qu'elle devait être repoussée.

Et d'abord, je m'associe, pour la commission tout entière, aux sentiments que vient d'exprimer M. Antony Thouret. Il est évident pour tous qu'une naissance royale ou impériale n'est pas un bon moyen de faire son éducation républicaine. *(On rit.)* Il est évident pour tous que, quand une République vient de s'établir dans un pays qui a été longtemps monarchique, tous les citoyens qui sont nés sur les marches d'un trône brisé depuis par le peuple ne peuvent guère avoir puisé, dans leur naissance, dans leur éducation, l'amour de la République. *(C'est vrai! c'est vrai!)*

Et par conséquent, c'est une chose profondément sage et juste qu'on les tienne dans je ne sais quelle suspicion patriotique ; ce n'est pas aux princes, je le sais, qu'il faut demander un enseignement républicain ; mais, et c'est ici seulement, quant aux résultats, que nous différons avec M. Antony Thouret, faut-il, et voilà toute la différence, dire au peuple, qui sans doute n'est pas disposé à confier à un homme qui a été prince les destinées d'une République nouvelle.....

DE TOUTES PARTS : Très–bien ! très–bien !

M. WOIRHAYE : Faut-il lui dire : « Il y a une interdiction », ou bien ne vaut-il pas mieux s'en rapporter à l'admirable bon sens du peuple ? *(oui ! oui !)* à son instinct démocratique?

UNE VOIX : Alors il ne faut admettre aucune incompatibilité. *(Bruits divers.)*

M. WOIRHAYE : Nous voulons que le premier magistrat de la République ait donné des preuves de son amour pour la République.

UNE VOIX : Oui, mais la République n'a pas besoin de l'amour des prétendants. *(Très–bien !)*

M. WOIRHAYE : Nous voulons, dis-je, que ce premier magistrat ait donné, par sa vie passée, par ses services rendus, des preuves de son attachement au pays, de son amour pour la République.

L'amendement demande que nous écrivions une interdiction, nous ne le voulons pas ; nous avons confiance dans l'instinct du peuple, dans la démocratie ; nous avons confiance que le peuple n'ira pas chercher dans ceux qui ont été princes.

VOIX NOMBREUSES : Aux voix ! aux voix !

M. DE LUDRE appuie l'amendement. Il déclare que, lui aussi, a confiance dans l'instinct du peuple ; mais le peuple se laisse quelquefois égarer, et, dit-il, c'est précisément parce que je respecte le désir du peuple, que je veux lui éviter toutes les occasions... *(Interruption et rires.)*

Ne serait-il pas à craindre dans quelques contrées, ajoute l'orateur, que des masses de voix se concentrassent sur telle ou telle personne, et qu'il n'en résultât l'organisation de la guerre civile. Loin de moi de vouloir indiquer ceux de nos collègues qui n'ont d'autre malheur que de vouloir voir triompher le soleil qui éclaira leur berceau... *(Hilarité.)*

L'orateur ajoute, au milieu du bruit, quelques observations en faveur de l'amendement.

M. LACAZE : J'avais espéré qu'aucun amendement de cette nature ne serait présenté, ou, au moins, qu'ils ne seraient pas discutés : il n'en a pas été ainsi, et, usant de mon droit, je viens vous demander de les repousser, parce que la mesure qu'ils proposent est une loi, non d'incompatibilité, mais de proscription *(Dénégations)*, qui ne doit être écrite dans aucune loi, et encore moins dans la constitution.

L'orateur s'attache à démontrer que la mesure qu'il combat statue par dispositions exceptionnelles, au lieu de dispositions générales ; tel est, en général, le caractère des lois d'exclusion, de proscription. Il rappelle que les proscriptions inscrites dans l'acte additionnel aux constitutions de l'empire n'ont profité à personne.

L'orateur fait allusion aux prétentions qu'on prête à un chef de famille illustre.

PLUSIEURS VOIX : Qu'il s'explique !... Oui, oui ! qu'il s'explique !... (*Bruit.— Quelques regards cherchent un homme dans les couloirs.*)

M. LACAZE : Il s'est expliqué... (*Qui? qui?*) Il y a peu de jours, vous l'avez entendu ; il est au milieu de nous ; l'Assemblée nationale l'a accepté sans débat... (*Qui? mais qui donc?*) Vous l'avez accepté la dernière fois sans discussion, comme Représentant du peuple.

PLUSIEURS VOIX : Ne vous occupez donc pas d'un individu !... Parlons de la constitution. (*Oui ! très-bien !*)

L'orateur termine son discours au milieu du bruit et des cris : Aux voix ! aux voix !

M. Sarrans monte à la tribune.

DE TOUTES PARTS : Aux voix ! aux voix !

M. Louis Bonaparte se dirige vers la tribune ; M. Sarrans lui cède la parole.

M. LOUIS BONAPARTE : Je ne viens pas parler contre l'amendement. Certainement, je suis assez récompensé en retrouvant tout-à-coup... mes droits de citoyen pour n'avoir aucune autre ambition.

Je ne viens pas réclamer pour ma conscience contre... les calomnies, et... (*l'orateur hésite un moment*), et contre le nom de prétendant qu'on m'a donné ; mais c'est au nom de 300,000 électeurs qui m'ont nommé trois fois, que je viens... réclamer et repousser ce nom de prétendant qu'on me jette toujours à la tête. (*Légers rires.— Approbation.*)

M. ANT. THOURET : Après les paroles que vous venez d'entendre, je comprends l'inutilité de mon amendement ... (*Rires nombreux et adhésion.*) En conséquence, je retire mon amendement. (*Approbation.*)

(*National.*)

Bordeaux. — Imprimerie de P. FAYE,
15. fossés de l'Intendance.

161

www.ingramcontent.com/pod-product-compliance
Lightning Source LLC
Chambersburg PA
CBHW071447060426
42450CB00009BA/2318